作者简介

Brief introduction to the author

汪洋女85后白羊座浙江嘉
兴人演员中央戏剧学院

Wang Yang Female Post-85 Aries

A native of Jiaxing, Zhejiang

Actress The Central Academy of Drama

目录

序：为什么要写这本书

去迪拜一半是工作一半可以说是旅行。

而直到这本书出版之前，从未敢设想过自己能够写出这么多文字。

一直以来，我都认为写作是一件比较困难的事情。直到去了迪拜，养成了记录的习惯。

开始记录这段时间的一点一滴，纯属是因为寂寞。

独自一个人到了一个陌生的地方。

没有亲朋好友，不知道该去哪里购物，语言也不是很畅通。在不拍摄的时候就把自己关在房间里。

没有事情做，电视也不好看。

无聊至极，就开始回忆这一天都做了什么，然后把它们记录下来；再把第二天要做什么事情也记录下来。时间长了，翻开以前记过的文字，慢慢地发现，在某些环境下写出的文字挺有意思的。

于是，萌生了把它们印刷出来的想法。

回到国内，请教了几位写文字的前辈。他们看过我写的手稿后，都说有点儿意思，并鼓励我再多写一些。他们还主动帮我联系了出版社。这便让我又多了一些写字的信心。

仔细想想。发现，原来我们每个人都有那么多故事。

遵循保密原则，剧组的事情印刷出来的比较少。导演、制片以及在迪拜遇到的一些朋友的名字都简单用英文字母代替了，希望不会给诸位造成不必要的麻烦。

关于书名，的确是想了很长时间才定下来。在迪拜的那些天，正是冬季。天气还不算是很热，气温基本都是二十多度，于是有了这样的书名。

最后，感谢这些年和在迪拜的日子里给我带来帮助的朋友们。我与你们一起回忆这段青春往事。

感谢在这本书出版过程中给我帮助的所有朋友们。

1 梦想

在这个忙碌又浮躁的社会，还记得当初的梦想吗？我想，大多数人已经无暇思考了吧。

曾看到一个朋友在facebook上的签名是“别和我谈理想，戒了”。看似简单的一句话，却写尽了一个人的沧桑。

在“理想”和“梦想”之间，我更愿意用“梦想”去絮叨人生。因为，世界太大，理想太远。梦想看似虚幻，却最有可能照进现实。

在这个忙碌又浮躁的社会。还记得当初的梦想吗？我想，大多数人已经忘记了吧。

我生长在江南一个叫做嘉兴的城市。按照书上的解释，嘉兴位于浙江省东北部、长江三角洲杭嘉湖平原腹心地带，东临大海，南倚钱塘江，北负太湖，西接天目之水，大运河纵贯境内。城市处于江、海、湖、河交汇之位，扼太湖南走廊之咽喉，与沪、杭、苏、湖等城市相距均不到百公里，区位优势明显，尤以在人间天堂苏杭之间著称。

嘉兴虽然地处诸多经济高速发展城市之间，但是它却没有受到它们的影响，依然保持着它固有的安逸和宁静。我的父母也和这座城市一样，过着安逸而宁静的生活。我的出生打破了他们平静的生活。

小时候的我很爱动，常常跟在电视机前扭动屁股并咿呀学语。如果是搁在今天，父母们一定会很高兴。并且很有可能认为自己生了一个天才艺术家。他们也许会给我报名参加“达人秀”之类的电视节目。但是，那时候的父母很单纯。他们认为女孩子就应该像林黛玉，或者林徽因。而我是个“孙猴子”，整天混在一群男孩子中间，还自封为“大王”。

我种种“不正常”的举动，使得父母认为我有多动症。一个有多动症的孩子是不健康的。因此，在我4岁的时候，母亲坚定地把我送到体校。在诸多体育项目中，给我选择了艺术体操和平衡木。

当初，母亲让我上体校的目的很单纯。一是让教练调教好我的多动症；二是艺术体操和平衡木有助于塑造女孩子的身材。却也是母亲这个单纯的举动，塑就了我以后的人生。

体校的训练果然去掉了我的“多动症”。虽然，至今我依然不认为，不再爱动不是教练教好的，而是练完体操后根本没有劲儿再去玩耍。但是妈妈很欣喜，认为这才是她的女儿。

后来，妈妈给我报名参加了一个歌唱比赛。不知是天意，还是真有唱歌的天赋，在没有任何辅导的情况下，我获得了冠军。那时候，还没有奖杯和奖金的说法。奖品是支钢笔。而且是英雄牌的，那个年代还没有听说过HERMES和CHANEL，英雄牌的钢笔和墨水是童年的我见到的最大品牌了。至今，那支钢笔依然被妈妈珍藏在抽屉里。而且是崭新的，从未用过。

也许正是这次获奖，让妈妈惊奇地发现了我唱歌的天赋。妈妈在赞扬了我获得的奖品后，便坚定地把我送进少年宫。在一堆艺术门类中，斩钉截铁地给我报名了美声和民歌。于是我开始了一段长达6年的“混合”音乐学习。

为了让我有一个好的学习环境。妈妈缩减家用，攒了两个月的工资给我买了一台录音机。老爸也千方百计地买回了一堆声乐磁带。每到放学以后，别人家的孩子都是写作业或者玩。而我常常是一边写作业一边听录音机。从《春天的狂想》到《小背篓》。每天要听完一盘磁带才能睡觉。妈妈立志把我培养成中国美声界的一颗闪亮新星，爸爸希望我成为民歌界的一颗璀璨之星。

不仅如此。老爸还经常带回家一些报纸，专挑和文艺有关的内容读给我听。他还把各国音乐家获奖的新闻从报纸上剪下来，贴在墙上。以便激励我进取。也许是从那个时候起，我开始有了人生第一个梦想——当一名歌唱家。

这个梦想伴随了我将近十年的时间。直到考大学之前，我依然认定，总有一天我一定会成为一名歌唱家，会在某一年站在春晚的舞台上。

在我十八岁的时候，梦想发生了变化。

十八岁，我考入了中戏。人生进入另一个起点。满墙的爬山虎，写尽了一个演员的梦想。

2.初恋

当我赶上这班时代的末车，自以为"狠狠爱"的时候，才发现自己经历的是一场无厘头的"暗恋"。

小时候，有个词叫“初恋”。大人们叫它“早恋”。

当我赶上这班末车，自以为“狠狠爱”的时候，才发现自己经历的是一场无厘头的“暗恋”。

他住在我家隔壁，大我5岁。我读初中，他高中即将毕业。我们在同一个院子里长大。和小说中写的一样，有一天我忽然发现，他就是我的白马王子。

他喜欢打篮球。我报名参加了拉拉队，成为最忠实的队员。我还搜集了很多篮球明星的画报，把他们的头像剪下来贴到本子上，攒满一大本送给他。他却说，你把我偶像的头剪掉了！

他喜欢穿白色的衬衫。每次买衣服，我都告诉妈妈我要白色的那件。我以为这样，总有一天我会成为他的白雪公主。

为了多看他一眼，也为了让他注意到我。每个课间休息我都要去厕所。因为，去厕所的路上正好能够路过他的教室。虽然，实际上很少能够看到他。他看到我时，也只是像对小妹妹一样冲我浅浅一笑。但是，这样就够了。那一笑，于我而言已经很暧昧、很温暖。

他每天骑自行车上下学。我最大的愿望就是能够和他一起。但是，妈妈则坚持每天亲自护送我到学校，下午由老爸接我回家。终于，在他即将毕业的时候，我告诉妈妈，我很胖需要减肥，申请放学后自己走回家。妈妈看着我因发育而略显肥胖的身体表示接受申请。

我兴奋地跑去告诉他，爸爸不再接我放学了，以后你骑自行车带我回家吧。他则无奈地说，如果你愿意坐到轮胎上，我就可以带你。我这才发现，他骑的那辆自行车是当时最流行的没有后座的跑车。

不过没关系，我自有办法和他在一起。我巧妙地利用课间时间，把他自行车轮胎的气放掉。学校没有修车的地方，他必须推着自行车走回家。这样我就可以和他一起走回家了。

虽然从学校到家只有十几分钟的路程。但是，每次和他在一起的这十几分钟，仿佛都有十几年一样长。当我和他一起走在熙熙攘攘的人流中时，我总是高高地昂起头。好像这样，大家就会知道，他就是我的男朋友。

可惜，好景不长。

有一天，我正在放他的自行车轮胎气，恰巧被他的同学发现，并将此事告诉了他。他愤怒地过来告诉我，他最讨厌内心不纯洁的女孩子。从此，无论我怎样制造巧遇，都很少再见到他。

我的"初恋"也便随之消失。也许，他从不知道我曾"深深地"暗恋过他；也许，他从一开始就知道我喜欢他，而在他眼里我只是个邻家小妹。不管怎么，我都会为拥有这么一段"小美好"而开心。即便，我曾被他冠以"不纯洁"的头衔。

后来，听妈妈说他考上了西北的某所大学。并找了当地的女朋友。我们也便真的没有再见到过。

多年以后，在看到电影《真爱至上》的时候，小男孩山姆的那句"世界上再也没有比恋爱更苦恼的事情"深深地把我打动。

3.大学，愉快的时光

大学，是人生中最美好的回忆。我不想说我之前逐梦的过程，每个选择这条路的孩子所经历的都大同小异。

大学，是人生中最美好的回忆。我不想说我之前追梦的过程，每个选择这条路的孩子所经历的都大同小异。

人生经历中不多的狂喜。第一次，自然是在收获魂牵梦萦的那一纸信笺，上面赫然写着我以后将要走的路，艰难的、曲折的，却是向往已久的路。

迂回的东棉花胡同里，那所古老的学校，是我梦想的终点，也是我梦想的起点。

如果你也曾走进它，你就会看见，灰砖青瓦的教学楼，青白水泥的操场，可是，她是渊博的、慈祥的老师，用温暖宽厚的手掌送我们走向梦想的宫殿，让这一路的风景毕生难忘。

我穿着帆布鞋，踩着梧桐树叶，跌跌撞撞地走过；

我摇着马尾辫，挽着灿笑如花的密友，横冲直撞地走过；

我踩着单车，迎着暮霭朝阳，风风火火地走过；

我顶着斑驳树影，优雅淡然地走过……

考试的经历我终身难忘。

说实话，能考上中戏是一件意外的事情。不是说我没有这个实力。而是，原本在我的理解里，只有荧屏上美若天仙的女子才能够考上这所大学。

而我只是一个小眼睛、单眼皮的女孩，也不够人高马大。我认为，自己完全不符合大众心中的演员要求。

可以说，当初我是怀揣着一颗自卑的心去参加表演考试的。

还清楚地记得。三试考舞蹈时，因为先前没有学习过。在劈腿的时候，扭伤了脚。一位老师对我说“这一场你不用考了”。当时，我并不知道老师们已经看出我是一个“舞盲”。不让我再跳下去是告诉我“你是拼不过其他考生的，就别折腾了”。我坚决地告诉老师“我可以”。而老师也坚定地说“不必了，你就坐在那看吧”。表演考试的三试，我是坐在那里看着大家考完的。

在离开考场的那一霎间，我忽然觉得自己是那么想考上这所学校，不只是来试试的。我以为，那一天那一刻是我今生最后一次走在学校里。望着满墙的爬山虎，我流连忘返。

我以为，从此我将会与这所神圣的学校失之交臂。我已做好踏上唱歌之路的准备。上天却为我打开了一扇门。那年春天，那个愚人节，我收到了中戏的文考通知书。我想，上帝一定是和我开了一个玩笑。而这个玩笑是多么的真切和幸福啊！

大学四年。美好的事情太多了，现在只能是一种记忆。

六个人一间的宿舍虽然拥挤，但充满温馨。一半是火象星座，一半是水象星座，每一件事情都配合的天衣无缝。一起出晨功，一起去食堂，一起KTV，一起在毕业大戏上哭的一塌糊涂。

《fame》中被安排饰演梅波一角是老师对我的信任，也是对自我的一种挑战。可能在很多人眼里，女一号才是最重要的角色。而我认为，演最适合自己的角色对一个演员才是最重要的。在人物塑造上，我找到了我和“梅波”的共同点。当我站到舞台上高歌的时候，我唱的是角色也是自己。所以每一场演出都能够发挥到最棒，演的也很过瘾。

出晨功是大学四年来最深刻的记忆。

在中戏读书的都知道，每天早晨出晨功是表演系约定成俗的习惯。从五点开始，或者会更早，每天都能够听到各种晨练的声音。即便你以前怎么爱睡懒觉，在这样一个环境中都不得不改变。从一开始对床的恋恋不舍，到后来出晨功是一种享受。最后，常常感慨人生中最美好的事情是每天都能够看到日出。

练完功，同学们一起去食堂吃早餐。几个人为了一碗咸菜抢来抢去，那是一种很自然的快乐。

……

美好的事情总是无常。当我们开始回忆的时候，说明它已经一去不复返。

感恩，生活。

感恩，中戏四年的大学时光。

4.coffee shop. 一场艳遇

你站在桥上看风景，看风景的人在楼上看你。明月装饰了你的窗子，你装饰了别人的梦。

豔遇

和导演T的相遇竟然是在咖啡店。决定此次迪拜之行，也是在这个咖啡店和这一次相遇。于是，我更愿意用“艳遇”去形容这一个偶然的相遇。

这样的开场，如同出自编剧手中写出的戏，是那么不容易让人相信。而仔细想一想，生活不就是一场戏吗？节奏快了叫电影，节奏慢了叫电视剧，发生了意外就叫戏剧。人们常常用“人生如戏，戏如人生”来形容自己的生活，大概也是彻底读懂了人生以后的一种大彻大悟吧。

不管你信也好，不信也罢。事情就是这样开始的。

正如很多个往日一样。

那天，披着午后的阳光，我去了南锣的那个咖啡店。在吵吵嚷嚷的人群中，选择一个安静的角落坐下。从随身带的包里掏出那本买了很久也被遗忘了很久的《莲花》。然后，又和往日一样。在打开书的时候，把目光送到远方，观看来来往往的行人。

我喜欢坐在角落里，透过玻璃窗看外面的世界，这已经是一种习惯。

书上说，喜欢坐在角落里的人一般都缺少安全感。对此，我十分认同。我是一个快乐的人，认识我的人都知道。我也是一个没有安全感的人，很少有人知道。我常常大声欢笑。笑是对自己最大的保护。

有时候，很羡慕那些脖子上挂着照相机的游人。他们或者快乐，或者忧伤地在镜头前任意地摆着各种自己喜欢的POSE。而演员，往往只能做出经过艺术加工以后的姿态，少了一份自我。

也许，正是在我欣赏别人的时候。有个人同样也在注视着我，而我却不知。正如诗中写的那样“你站在桥上看风景，看风景的人在楼上看你。明月装饰了你的窗子，你装饰了别人的梦”。

T向我走过来的时候，我还陶醉在美景之中。

T问我看的是什么书。对于这样的开场，我并不十分感冒。

“《莲花》。”我简单地答他。

“它是安妮写的。”T说。

我愕然，这个老外竟然看过安妮的书。

“你知道安妮?”我有点傻傻地问。

“书上不是这样写的吗？作者，安妮宝贝。”这个家伙除了会说中文还认识汉字!

“既然你什么都知道，为什么还要问我？”我不客气地说。

“我观察你很久了。你是一个很有意思的女孩子，不是吗？”T有些尴尬地说。

我报以微笑回答。心想，竟然遇到无耻的浑蛋了。

然后T告诉我，他是一个导演。还告诉我关于拍摄电影和需找一个中国女主角的计划。我当然不相信。

大概是T看出了我的心不在焉，他说不会演戏没问题，他可以教我。

我对他说，sorry。我对你的话题不感兴趣。不过，我要告诉你的是，你错了，其实我是一个演员。我知道，此刻说这句话的时候，我一定和《喜剧之王》中的周星驰一样，让人觉得好笑。但是，无论在哪里，我都不会否认自己是个演员。既然选择了这个职业，我一定会走到底，即便路上铺满荆棘。

也许是我的回答引起他更大的兴趣。他竟然有些兴奋。并且认定我就是他要找的angel。

在我准备离去的时候T的助理过来向我解释，T没有骗我。他确实是一个正在寻找演员的导演。希望我能够好好考虑一下，加入他们的团队。

“在哪拍？”“还有什么演员？”“什么故事？”

“迪拜。”“还有一个中国女孩，已经在迪拜当地找到。”“剧本在电脑里，你现在可以看到梗概。”

T的助理是个很利索的上海男孩。

“放心，我们不是骗子。服装和美术都是中国人，我也会去。”

“什么时候出发？”

“找到他要的女孩以后？”说话时，助理看了一眼导演。

这以后，T和他的助理又约了我几次。期间，服装师还特意过来给我量了衣服的尺码。

在沟通的过程中，导演对我的表演也比较认同。渐渐地我对这个团体也有了信任。

一个星期以后，他们给我办了签证。

我申请晚他们三天走。T欣然同意。

5.白羊座

白羊座的人，一旦认准一件事情，就一定会坚持到底。

书上说，白羊座的人，一旦认准一件事情，就一定会坚持到底；白羊座的人，很正义，很重感情，只要是真心的朋友，都会真心对待；白羊座的人不习惯主动和别人套近乎，总是很任性和固执，别人对自己的好会铭记于心，有恩必报；白羊座的人，现在的生活很迷茫，但对未来充满希望。对此，我很认同。

从小我就是一个叛逆，并且倔犟的女孩。在体校的时候，为了躲避枯燥的体操课，我绞尽脑汁每天想着怎么迟到。有一次，我还去找其他队友商量怎么把教练惹怒，让她把我们打残废。这样就可以不用再练操了。结果，队友非但没有和我狼狈为奸，还把事情告诉她的老妈。她老妈认定我是脑残，让队友离我远远的。以至于，有一段时间我很被大家孤立。我的童年也便在孤独中度过。

从咖啡店回到家。第一件事情是给朋友打电话。打了五个人的电话。三个人认定T和他的团队是骗子；一个人建议我再考虑一下再作决定；一个人说你大胆去吧，被卖了打电话回来我们去救你。好吧，既然你们都这么说，我没有再给第六个人打电话的勇气。

妈妈反而比较爽快。得知我要去国外演戏的消息，表示全力支持。我想，她应该是不知道迪拜是个什么地方吧。在妈妈的心中，和电影有关的外国只有好莱坞。当我告诉她，我要去的是个阿拉伯国家，那里的女人都是裹着头巾出门，男人可以娶十个老婆时，妈妈表现了她应有的担忧。她说，那还是不要去吧，万一你被哪个王子娶走，我们想看你一眼就难了。我开玩笑说，你放心，到时候我会把你接过去，让你母仪天下的。

妈妈向来就是个乐观主义者。这一点我比较像她。

我知道，对于我的决定有很多人不能理解。甚至认为只有傻子才会相信这事是真的。我不傻。虽然不够聪明，但也不笨。我有想过，这可能会是一场骗局。但是我更相信人本善。第六感告诉我，你可以去试试。

我不能完全把这个决定归咎于白羊座；我也不是一个完全靠星座思考的人。但是，一直以来我都是这样一个人。遇到事情一定要有个决定，决定了的事情一定去做。无论成败，都会接受。

这一仗，一定要打出去。

6.挥一挥手，一个人走

人们说有爱的地方就是家。那么，我的家，到底在哪呢？

后天出发。

早起，其实已近傍晚。

很久没有睡到这个时间了，一种发自内心的舒畅感。

简单地吃了些早餐。然后准备去超市买一些日用品。

因为以前没有去过阿拉伯国家，所以不知道有什么必须要带的物品。打电话咨询朋友，最多的建议是一定要带各种药。好吧，那我就去药店采购药。连绷带都买到了，已经做好了“赴汤蹈火”的准备。

从超市回来，天色已晚。

开车行驶在路上，看着熙熙攘攘的人群，初始的喜悦层层剥去，随着渐渐燃起的霓虹，离愁别绪开始涌上心头。

之前，从未去过迪拜。

印象中，那是个富裕却坚硬的城市；然而，此刻的我，没有能力去想象未来两个月将要面临的生活，我的思维已经被自己渲染的离别禁锢。

从小到大，都是害怕分别的人。

当初，那么毅然地选择北上的时候，那个小小的站台站着我年少时期最亲爱的朋友们，大声说着祝福的话语，用力挥动细细的手臂。

我却躲在列车的衔接处不敢出来。眼泪肆虐，却不肯面对面道一声再见。火车鸣笛出站，才肯悄悄探出头去，看一眼。我知道，此去经年，我要告别的，还有过往的一切时光。

回到一个人的房间。站在阳台上。

雾气不知何时升腾弥漫了这个华丽城市的夜空，在这个著名的干燥的北方城市，这样的景象着实少见。远远近近的灯，因这淡淡的雾，散着别样的光晕。真的，其实，上天待我不薄，在我情绪泛滥而又独自酌伤的夜晚，送我如此特别的礼物。微笑浅浅漾上嘴角，梦想就要开始了，明天就要开始了。

回到卧室，冲了杯牛奶，贴了几片黄瓜，上床睡觉，很快进入梦乡。

想睡着即可入眠的本领不是任何人都拥有的。失眠太伤神，又伤身。这对于标榜“最爱自己”的我来说，简直是牛鬼蛇神，不敢近身的。

梦里的一切那么美好，可是一定要趁醒来之前全部忘记，不管是过去，还是既往。

早起，是个晴天。

晚上有个小小的送别宴。知道一定不会少了一顿劝酒，所以出门的时候特意没有开车。

回来时，已是午夜，忽然很想乘坐大巴车。随便上了一辆公交车，不管是去哪里。我想看看这个城市的夜景。

车上人不多，选了个最后排靠窗的位置坐下。

其实，之前我最爱的是车厢最后一排正中间的位置。可以“一览众山小”地细细打量形形色色的乘客。他们或焦虑或平静或喜悦或茫然。我可以偷偷地猜想他们的故事。故事里会不会有一个令人念念不忘的主角随时随地主宰他们的情绪？我承认，我是个喜欢遐想的女孩子。

初北上的时候，真的是茫然。

见过几个组，认识几位圈内的朋友。每天忙忙碌碌却缺少归属感。无事可做的时候，就随便上一趟公交车。选择最后一排正中间的位置坐下。这样就可以给以众星捧月的中心感。

回过神来，已经坐了很多站，下车。

掏出手机，写了两个字：再见。找到通讯录里的名字，想发给我亲爱的朋友们。犹豫了很久，还是按下“取消”键，我还是，还是没有勇气。

再见。再也不见。

自从有一年我从书上看见这样残忍的一句话，我就不愿意再说这两个字。尤其是在要离开一个地方的时候。我是个不喜欢说告别的人。

抬头看见一盏接着一盏的路灯，很不文艺地想起小时候家里用的煤炉里的燃烧的通红通红的煤球。家里，多久没有家的感觉了。人们说有爱的地方就是家。那么，我的家，到底在哪呢？我又开始莫名的忧伤。

向天的另一边飞了。

特意要了个靠窗的位置。因为看过一张只有湛蓝的天和大朵大朵的云的照片，名字叫“这是我想念你的时候的天空”。我也想看看，想念的天空是什么样子。

闭上眼睛。其实并无睡意。

恍惚中有人将一个毯子盖到我的腿上。

睁开眼睛，原来是个空少。他解释说，以为我睡着了。怕我着凉，所以加了毯子。

我说，你是一个细心的好人。

他浅浅一笑。自我介绍叫F。

接下来的时间，他便时不时地过来问我需不需要这个，或者那个？然后，借机聊上一会儿。

七个小时的飞行，毕竟太寂寞。

飞机落地的时候，我们俨然已经成了认识多年的老友。

临走，他留了我的电话。告诉我，他定居在迪拜。有困难可以随时传呼他。他是我的911。

老外一向是自来熟。

EMAAR

7. 初来乍到

我也从此选择永不回国。会有人记得，曾经认识过我这么一个人吗？

下了飞机，感觉依然在飘。

想起飞机上认识的空少F最后惜惜的眼神，觉得很好笑。这年头，谁会在意旅途中偶遇的毫不相关的人。况且他已有妻如玉，有女如花。

迪拜的机场，熙来攘往，每一个人都那么忙碌的样子。看来，我以后的生活应该也似这么忙碌。

那么，就还好。

剧组的制片主任C和一位黑人司机来接的我，远远地就看见他们手中大大的迎机牌。我懒懒地推着行李车，冲他们摇了摇手臂，迎上前去。

寒暄了几句，跟着他们出了机场。上了车，前往酒店。

制片主任C是迪拜本地人，50岁左右。头发和胡子都是卷卷长长的，给人慵懒的感觉，不过很亲切。

比较而言，我却对那位黑人司机更感兴趣。一上车就盯着他看。心里想象，如果自己长成这种样子的皮肤会是什么样。那样的我，是不是会有别样的韵味呢？

一路上，C不断说着我听不太懂的笑话，尽情展示西方人的幽默。而且反复不停地用他蹩脚的中文追问我“吃饭了吗?”那是他唯一学会的中文。而我，只是，浅浅地笑着示意，算是回应。

到了酒店，连大厅地板都散发着宝石般的光泽。果然如预料，迪拜的奢华无处不在。

拒绝了共同进餐，我要求先回房间休息。

旅途的劳顿，初来的不适，需要短暂的休整一下。

导演体贴地同意了，并交代我明天随他去见戏中的“姐姐”。

丢下行李，躺在酒店柔软的大床上，没有开灯。

海上明明暗暗的光透过窗子射进来，带着暧昧的海风。

挪到地毯上，背靠着床沿。

发了一条短信，报平安。

从行李包中搜出我的蜡染围巾，细细铺平，放在床头柜上。就算行足到万里之外，我依然会坚持把自己喜欢的东西都带上。

恋旧，是我亘古不变的瑰宝。

想起导演明天要领我去见的“姐姐”，有些睡不着。

来之前，我就听说过这位传奇的姐姐。

据说，她二十六七岁，不是典型的中国美女，却有一番别样的风情。

三年前来到迪拜，嫁给了一个移居迪拜的英国人。

她很少对人提及往事。

从未回过祖国，并且永不打算回。

躺在床上，胡思乱想。

如果，我也从此选择永不回国。会有人记得，曾经认识过我这么一个人吗？

充实的、逼仄的明天，还是赶紧来吧。让那么情绪的我，少一点想念的时间，再少一点。

8.姐姐

谁年少的时候没有爱过一个浑蛋？

今天有点累。

一场和姐姐普普通通的对手戏，我总是不能够顺利拍完。一条一条NG。看着导演急得抓耳挠腮，就差要骂人了，我知趣地申请休息一下。

姐姐娴熟地点了一支烟，扯了扯衣襟，在我身旁的台阶坐下，有一搭没一搭地找我说话。

这里是街头商店门口，这场戏的背景地。

我很沮丧，我知道我遇上了传说中拍戏的瓶颈期。挺过去，以后会成熟老到许多。可是，可是我很烦躁，懊恼的想哭。不知不觉中，姐姐以其淡定的姿态融入我的生活。

不管遇到什么样的事情。仿若只要她在身旁，我瞥一眼那双冷静地泛着光的眼眸，就可以什么都不怕。

我渐渐地依恋她，用崇拜的心态。

“姐姐，你想过要回国吗?”我把戏里的称呼直接带到了戏外。

这样叫，让独自漂泊在外的我觉得并不孤单。

其实，我了解的姐姐就是从他人口中听来的那些曲折，熟稔之后，仍是没有开口问过。今天，我只是情绪化地想要找到一个出口。

直到姐姐手中的那支烟无声地燃完。她才肯吐口:“YA，我知道，你想听，我的故事。”

故事梗概并不如我之前所了解的那样。中间的迷惘与挣扎,也许只有经历过的人才会真正明白。

她从小就是个懂事的孩子。

不管是邻居,还是亲戚朋友。无一不啧啧地赞叹这么一家有这么一个乖巧的女儿。

这是让人温暖的一家人。

直到女儿长到十八岁。

其实并没有离奇的故事情节。

十八岁的青涩女生,情窦初开。

只是很不幸的,对方是个懦弱自私的小男生。在得知女生怀孕之后,逃之夭夭。据说家里托关系去了国外。纯真的女孩傻傻地等她心心念念的爱人回来,坚决不愿打掉肚子里的孩子。

……

逃离那个城市以后,姐姐选择来到当初小男生出国的地方 —— 迪拜。企图找到他,重拾旧爱。可是,如今已经是第三年,哪里有小男生的影子?

或许当初,他根本就是为了逃避,选择编了一个谎言。

而在这里,在异国他乡,姐姐终于到了她的挚爱。,

姐姐用她惯用地语言向我描述了这样一个看似稀松平常的故事。她没有择摘偶像剧的感动，没有引用言情剧的煽情，没有加入伦理剧的跌宕；她甚至从头至尾没有一丝丝表情，娓娓道来像是在说别人的故事。

“谁年少的时候没有爱过一个浑蛋？”姐姐总结。

“可是，至今为止，我仍然觉得自己是幸运的。在这里我遇到了爱我的男人。”

“我何德何能，得君全心全意？”

只是其间那一声叹息，我听得仔细。

“其实，我不是不打算回国。我只是，还没有调整到最好的状态。自从十八岁离家就再也没有见过父母，怎么可能不想念；故乡的一杯香茶、一抹余晖，都让我魂牵梦萦。故乡，是我心头的朱砂，美丽却疼痛，不敢提及，不敢忘记。”

姐姐说这些话的时候，正歪在我房间的沙发里，长发遮住了她忧伤的脸颊。

我相信，此时的她，一定是忧伤的。因为，哪一个想家的孩子不忧伤？

下午的戏最终没有完成。

在制片主任的周旋下，导演组提前收了工，算是给大家放个小假。

我缠住姐姐把她的故事讲完。

我期望，我可以在别人的故事里狠狠感动一场；下一个回合，就可以恢复到热情荼毒的状态，做自己感情世界里的主宰，清醒地看待每一段记忆。

9.为艺术献身

头发当然是身体的一部分，现在它被从我的身体里无情地剪了下来。所以，我肯定是在为艺术献身。

角色要求，必须剪掉长发。

犹豫，挣扎。

脖颈上缠绕着细细软软的发丝站在有着濡湿海风的沙滩上，眼睛微眯地望着远方，是我最最喜欢的姿态。十年来，发丝经由脸庞、耳垂、脖颈、肩膀，长到如今流水般的模样，着实不易。

我犹豫、挣扎，是不舍；也是自我的惩罚。

我开始懊悔。

当初是怎样一种力量让我非来不可。是因为演戏吗？一定不是这个理由。国内的娱乐圈虽然复杂，但是一定也会有我的一席之地。那又是什么原因呢？也许是命运吧。冥冥之中，闯进了演艺圈；命运使然，来到这个陌生的国度。我希望这是一个充满奇迹的旅程，一个新的开始。

角色需要，剪掉十年长发。

没有比这更合适的理由了。除此，也不会有任何一个理由让我必须尊崇。

如果你热爱自己的职业，就会为它付出所有。

既来之，则安之。

我用各种理由说服了自己。

坐在镜子前，我怔怔地盯着理发师手中挥舞的剪刀。眼光最后落在那齐齐的，新新的发角。没有预想的难过。

睡一觉,晃晃脑袋,居然很适应。

从来就不是拖沓的女子。新的样子,适合过新的日子。那么,就从短发开始。

星座书上说,白羊座的女子擅长掩饰自己。

所以,一直以来。大家只能看见阳光明媚、热情如火的我。那些独自哭泣的暗夜以及突然落雨的午后;那些潜藏的伤口;还有滴落的污渍,我都揣在日子里,小心隐藏。

只是剪发,还没有结束。

每天至少3次的渲染更是一种无形的折磨。

不仅要对着镜子,认识一个全新的自我。还要伤心欲绝地看着辛辛苦苦保养了那么多年的发质一点一点坏掉。

开始后悔,来之前特意花大价钱保养了头发。现在却要把它毁掉。

理由依然是角色需要。

就让无情的考验来得更猛烈一些吧。

也许这仅仅是一个开始;也许以后还会受到更大的挑战;也许每天都会被导演骂一百次。对着镜子,我自己安慰自己。

忽然想到，我这算不算是为艺术献身呢？
答案肯定是。

我从事的是艺术行业；头发又是身体的一部分；现在它被从我的身体上无情地剪了下来。所以，我肯定是在为艺术献身。

想到此，心情忽然开朗。
总算，我也为艺术献了一次身。希望自己的付出能有一个美好的结果。

【按照导演的要求，头发剪短后为戏中人物造的型，拍了整整一天，最后连笑都不会了】

EVERLAST

10.富二代

如果注定会忘记，我选择一开始就不要记住。

我们拍戏的时候常会有一些华人去探班。

其实，彼此之间并不认识。

或许是因为“同在异乡为异客”的原因，每一次见到同胞都格外亲切。即便是一个来自北方冰雪之城；一个来自南方四季如春之城，也会称对方为“老乡”，依然会问家乡的状况。我可以作证，异乡国度的华人真的很热情、很好客。

刚到迪拜的前几天，特想到处逛逛。

有一次拉着姐姐陪我一起去商场看看。刚出门就碰到两个华人。一开始，我还在想会不会是日本人。所以，看到他们并没有太多的热情。反而是他们很主动地走过来向我们打招呼。彼此一介绍，原来都是中国人。其中有一个是上海人，我们算是真真切切的老乡了。

两个“老乡”都是来迪拜做贸易生意的。虽然经常回去，但是每次在国外见到中国人都很兴奋。他们说，无论在外国挣到多少钱，即便是已经拿到绿卡，只要一出门，还是感觉自己是个“外国人”。见到华人还是很亲切。这大概是华人共同的心结吧。

他们请我和姐姐吃了雪糕。临走的时候还留了电话号码，希望我们有时间能够去他们的住所做客。我们欣然答应。

每次“老乡”们来探班都会带很多好吃的东西。我和姐姐，还有其他几个中国工作人员都特别喜欢华人来探班。而导演T却并不喜欢太多的人过来。他担心围观的人太多影响拍摄质量。人多的时候，导演就会让制片主任过去把他们驱走。

有一些探班的“同乡”是来迪拜游玩的游客。他们可能是第一次在国外看到中国人拍戏，所以很亲切地过来打招呼，或者合影。还有一些来探班的人是定居在迪拜的中国人。他们通常是休息的时候过来看看，就当是参加“同乡会”了。我们几个中国人给他们起了绰号，叫“探班族”。

而有一个人不同。

他几乎每天都来“探班”。而且，一呆就是一天。他常常站在一群探班族的最后。不像其他人，会过来问家乡、问天气还要合影。

他不说话，只是看。

一开始，我们以为他可能是个热爱电影的学生。后来，忽然想到哪有每天都不上课的学生呢。

有一天，姐姐终于“看不下去”了。趁着休息的时候，让助理把那个“探班族”叫过来聊天。

收工以后，姐姐走到我身边，趴到我耳朵上说：“你有粉丝了。”

我诧异的看着她，做了个“不明白你是在说神马”的鬼脸。

姐姐见我不理解，便冲着身后了努嘴，一辆艳黄色的兰博基尼停在那里。

车里坐着的正是那个狂热的“探班”少年。

我愕然地看了看少年，又看了看姐姐。

少年大概是通过汽车的后视镜看到了我的表情，便一脚油门消失了。

姐姐走过来说，我刚才已经问了，人家好中意你呀，而且是个不折不扣的富二代，你好运了。

我表示茫然。

也许，是因为跨过了那道“鸿沟”。

那天以后，每到中午少年就会来“探班”，并且每次都会带上几个中国菜分给大家。

他俨然成了我们的生活制片。

有一两日没看到少年，制片主任就会像是少了一个助手一样，到处问人有没有看到少年。

我好奇地问少年，他是不是中国馆子里的大厨。

他却不正经地说自己是个魔术师。

好吧，不管你是什么。对于美味的午餐我向来是来者不拒的。

在姐姐的“循循诱导”下，我们知道。少年的父母都毕业于国内高校。父亲以前从政，后来下海做了生意。现在已经是一家上市公司的董事了。母亲任职于使馆。他虽然祖籍在中国，但是却从未踏进过祖国的领土。少年是名副其实的迪拜当地人。

这个富二代交过七八个女朋友，并且是来自不同国家的女孩，唯独没有中国女孩。这大概也是他为什么对我们格外亲切的主要原因吧。

其实，过完新年他才十六岁。一个正处在花季的小小少年。

在姐姐的领导下，几个中国人都叫他“富二代”。对于这样的头衔，少年并没拒绝。大概他已经习惯。我们一定不是第一个这样叫他的人。

然而我还是比较喜欢叫他小少年。在他面前，我永远会觉得自己是个姐姐。

少年问我叫什么。

我告诉他，我戏里的名字叫yaya。

不知道为什么，不愿意告诉他我是谁。也从未想过去问他的名字。或许，他已经告诉过我他姓何名谁。而我却不曾记起。

茫茫人海，你我只是过客。再见以后，或许就会永不相识。

如果注定会忘记，我会选择一开始就不要记住。

富二代

11. 建在沙漠中的城市

炎热不仅表示这个城市的气温，还有开放的程度。迪拜长期奉行自由经济政策，是全球最开放的城市之一。

迪拜很热。

整个城市像一个华丽的大蒸笼。白天走在街头，仿佛一个个刚出笼的冒着热气的饺子在跳跃。如果泛舟波斯湾，还会有湿湿咸咸的海风吹来，热乎乎在脸上打下一道道烙印。

这是我来迪拜之前，她给我的语言印象。

来到这里已经一个月，逐渐适应了有规律的忙碌生活。也从剧组的同事嘴里，或浅短的所见所闻逐渐了解着迪拜。

炎热不仅表示这个城市的气温，还有开放的程度。迪拜长期奉行自由经济政策，是全球最开放的城市之一。

零关税、资金自由进出。这两项，吸引着世界各地的大企业、大龙头财团前来创业，并吸引形形色色的人前来淘金。

最让人感到惊奇的是，到处可见郁葱葱的树木和绿油油的草坪。

这是一座用钢筋混凝土搭建的现代化城市。它充满着朝气和时尚。置身其中，一点儿也看不出这竟然是一座建在沙漠里的城市。

在城市的边缘，放眼望去。一片绿色的海洋，随着轻轻扬扬的风，波浪似的在人心底徜徉。

这里的道路都十分宽阔平坦。市区里的道路随处可见六车道甚至八车道。穿过一条街，相当于在国内走过三四条街，令人轻嗔娇喘。每一组车道之间又都被树木或摇曳的草坪静静隔开。

在迪拜，水贵比金。要维持这么多绿色的生命，所花的代价相当惊人。

政府为了最大限度地节约用水，所有的绿化带都采用了滴灌作业，一条条水管蜿蜒其间，每一棵树下都有专属的滴灌口。

当制片主任C向我介绍这些的时候，诙谐地拍了拍他的牧马人说："养护它们的费用可是比我心爱的座驾更大哦。"

迪拜地理位置很好。航空业和海上运输业也很发达。上天恩赐的，她毫无遗漏地加以充分地利用；上天没有给予的，她就努力发挥巧夺天空的创造力使其名扬四海。

从来迪拜的第一天开始，每个清晨，我都会在悦耳的声音中醒来。站在泛着光泽的大理石阳台上，远远望见清真寺的塔尖高插云天，高扬着《可兰经》的尊严。

为此，我刻意探听过。

姐姐告诉我，她刚来的时候，也是被这些优雅神圣的建筑深深吸引。

如果你对伊斯兰建筑有兴趣，一定要去久美拉清真寺看一看。

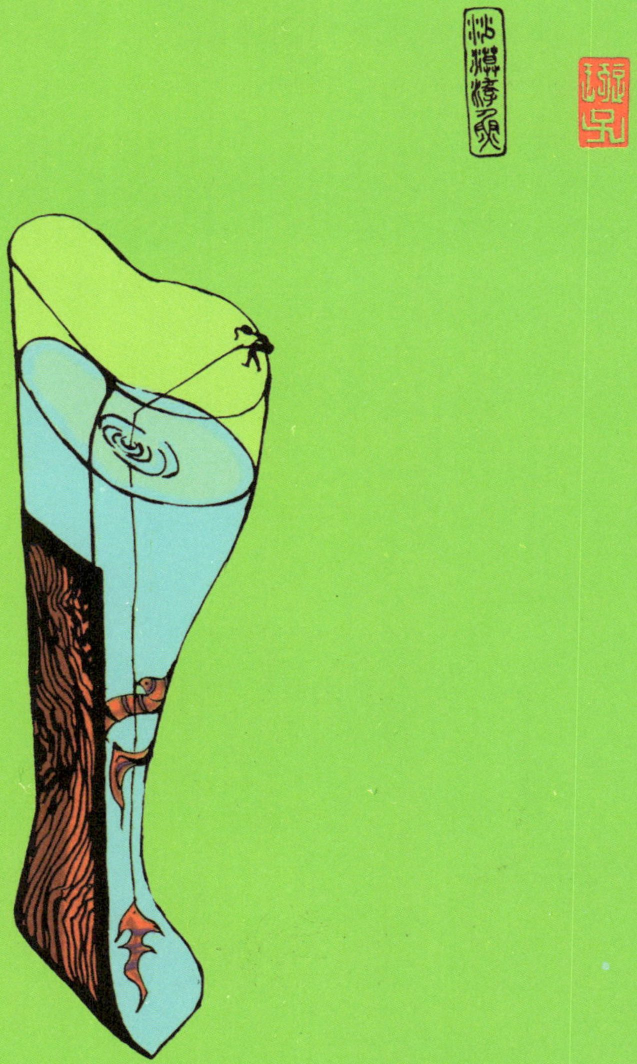

久美拉清真寺是迪拜最大最美丽的清真寺，也是现代伊斯兰建筑风格的典型代表。它是依照中世纪法蒂玛王朝的建筑传统而建的，更由于建造的年代很早，所以成为城市的标志。

它的特别之处在于，整个清真寺全是由石块筑成，没有一块砖。灯火通明的夜晚尤其漂亮。据说，那里是摄影师喜欢拍摄的地点。并且在国际各类出版物中频频亮相。

在好奇心驱使下，我不禁想亲自去细细摩挲一番。仅仅是听起来，都那么让人激动和向往。却到走都没能实现这个愿望。

12.有点酸楚有点累

岁月就象一条河，左岸是无法忘却的回忆，右岸是值得把握的青春年华，中间飞快流淌的，是年轻隐隐的伤感。

外面天色昏昏暗暗，少有的阴天。

很早就醒来了，把枕头垒起来，赖在床上眼睁睁地看着天花板，不想动弹。头有点沉，鼻子堵堵的，估计是昨晚的空调开得太低。

不想起床化妆，不想吃早餐，不想去健身跑步，不想开工拍戏……

什么都不想。

我生病了。

就让我任性一次。

自从离开家乡上了大学，开始了一个人的生活，就好像远离了任性这个词。

因为我知道，任性是需要条件的。

有人娇惯有人溺宠，才有资格任性。不然，你任性给谁看？没人理睬的任性不是可爱，是凄惨。我连同情都不要，何况凄惨？

可是今天，我想放任一回。就让我在这个谁也看不见的空间里，做骄傲的、张扬的、放肆的自己。给自己看。让自己疼。

来到迪拜以后。

我告诫自己，一定要跟上这里忙碌的生活节奏。不要掉链子。

如果是在国内，累了的时候，我可以向导演申请休息一会。但是在这里，在异国他乡，和不同国家的人一起工作。无论再累，我都会咬牙坚持。我不希望他们因为一个人，而否认所有的中国人。这大概就是一个人的民族荣辱感吧。

我们对于祖国的感情是：我们可以每天说她一百句不好，但是不允许外国人说她一句不。

在这里，连走路我都不禁加快了脚步。

躺在床上胡思乱想，真不是个好习惯。

想得太多，就想哭。眼泪没流下来，鼻涕倒是流下来了。

起身去床头找纸巾。真是不幸，纸巾用完了，只有个空盒。毛巾远远地挂在洗手间里，静静地看着我。顺手揪起平平整整摆在那里的蜡染围巾，使劲地撸了一把。

好吧，既然任性了，那就任性到底。

反正脏了还是要自己去洗。

新认识的朋友都会夸我，不骄不躁，温婉文静。

我会轻轻地笑。

可是，如今我生病躺在空荡荡的大床上，却没人能帮我倒一杯白开水。

其实我也知道。人长大了都会有这样一个过程；都会有这样一个结果；都会从被别人宝贝地疼着变成宝贝地疼着别人；都会从享受爱到学会爱。

没有埋怨，只是感慨。

远离家乡千里，没有朋友的孤单，只能描述一次。

伤感只能诉说一次。多了，便是矫情脆弱的表现。

我借着戏里的人，伤感、流泪，歇斯底里。我庆幸，选择了演艺这条路。当自己累了的时候，还可以有别人的人生借给我。

看见墙上的挂钟，已经九点多了。

拿起电话，打给制片主任。

【往往饿的时候想到的都是和吃有关的东西，连大葱看起来都是那么可口】

请假。

请假其实并没有那么顺利。

我实在没有心情和体力去纠缠解决，我只是固执的沉默。赢得了短暂的一天休息时间。

挣扎着起来，冰箱里应该还有可以吃的东西。

然而，此刻的冰箱仿佛我空荡的肚子。冰冷地空荡地站在那里，只有一个孤零零地苹果立在一角。

是的，我应该早就去卖场购物的。可是最近一直在赶拍摄进度，每天陀螺似的转，生活用品基本都用完了。

拿着苹果推开阳台的门。

外面的空气很好，湿湿的，有家乡的感觉。

从小就喜欢家里的阳台。那时候阳台很小，还堆满了杂物。可是就是喜不自禁地常常往阳台跑。

直到如今，还是喜欢站在阳台远眺。

有位学习心理学的朋友曾经戏谑我。

他说我的这个爱好，心理暗示是永远不满足现状。

我知道，他还有“好高骛远”这个词憋在心里，只是没有说出来。

不过没关系，我承认我就是这样的人。

如果当时没有我的坚持，我现在能站在迪拜的土地上吗？虽然不知道眼下这个戏将来会怎样。可我坚持做了我想做的。至少，人生里没有遗憾。

转身回到房间里。

翻出行李箱。

底层有一盒ESSE。拿出一支点燃，吐出。

我并没有抽烟的习惯，只是习惯远行的时候带上一包香烟。有个吸烟的朋友曾经告诉我，吸烟可以缓解头痛。

我知道，这并没有科学依据。

大多数，只是个人的一种心理暗示。与其这样说，不如说吸烟只是为了获得一种暂时的安全感。

想起以前看过一篇文字。

文字的主人有个特殊的爱好，抽烟的时候吃一个苹果。她说两种截然不同的香味混合在一起，浓郁和香脆，很奇特，很美妙。

所以，我想试试。

焦油含量并不高的ESSE在我的喉头旋转，最后从鼻腔喷出。很难受，呛得果肉难以下咽。还是放弃了。

别人眼里的瑰宝是你眼里的鸡肋。

同理，一个人注定有他自己的另外半个圆，暂时没找到，不代表没有。

感情如此，事业也如此。

每一个明天都有太阳升起。

虽然像今天，暂时被阴霾遮住。可是下一个明天，还是会照常升起。

岁月就像一条河，左岸是无法忘却的回忆，右岸是值得把握的青春年华，中间飞快流淌的，是年轻隐隐的伤感。

世间有许多美好的东西，但真正属于自己的却并不多。所以，要学会在这个纷扰的世俗世界里用一颗平常的心去对待周围的一切。

生病的人容易犯困，看来这是真理。

这一上午，脑子转得太纷繁了，更沉重了。

想要不管不顾地睡一觉。

正如青春一场梦 ，我在自己编织的梦中学习梦醒，真的梦醒了，就可以直接告别我即将逝去的青春和已经逝去的回忆。

有点酸楚，也有点累。

某日坐

2
MP 630
MP CLK
MP-630
MIZUNO
美津浓（中国）体育用品有

13.一个人的旅行

不禁又想起我江南的家乡。那里多是雨季,朗朗晴空是大家翘首期盼的日子。

很久不曾落雨的城市飘着一层蒙蒙雾雨。

今天的拍摄告一段落。

心情很好。

兴之所至的我并不满足别人嘴里的迪拜概况。我决定，趁着难得的好天气和好心情，自己一个人，静静地去游荡一番。

迪拜是一个融合阿拉伯文化、西方文化和南亚文化的城市。不管我走到哪里，都看到迪拜的女人穿着黑袍、白袍，戴着帽子。即使倾国倾城，也要包裹住迷人的脸蛋，只露出发亮的双眸。

虽然之前就断断续续见过很多。可是今天雨雾中的她们，更显得格外神秘和可爱。

我所住的酒店附近有个热闹的街巷。

因为忙碌和陌生，我并不曾去逛过。逛街是每个女人的天性，所以我决定先去那里看一看。

顺着人流而入。当地人把这里叫“老城”。

古色古香的集市，并没有迪拜其他购物场所那种超级现代感。街道两旁都是雕刻着阿拉伯式花纹的木梁，上面吊着灯盏。

这里有富丽宽敞的大商店，也有几乎令人难以转身的狭窄铺子，有很多商铺出售的饰品都是纯黄金做的。

阿拉伯人对黄金情有独钟。因此黄金首饰的工艺也格外的精巧别致。

这里的黄金以22K的居多，18K和24K也有。还有打磨成粉红、银白和浅黄的三色金在特制的玻璃柜台里闪着别样的金属光泽，让人有微微晕眩的感觉。

据说，这条街成了来迪拜旅游的女士们必来的“淘金”之地。

没有过多的逗留。我怕控制不住自己，将整个时间都挂在这个令人流连忘返的地方。

SADEK
MUSIC

DUBAI DESER

从黄金街出来，被一阵阵奇异的香味吸引。

顺着香味的源头，我毫不犹豫地拐进了另外狭窄幽长的小巷——香料街。

有部电影叫《闻香识女人》。可见，香味对女人有着多么大的作用啊！

一袋袋敞开的香料整整齐齐地摆在路边，小贩在货摊旁热情地招揽生意。在这里，我看到很多当地产的调味料，如小豆蔻、红椒、肉桂、乳酪等等并且都以盎司或吨来计算购买。

据说，阿拉伯香料除了用于食物调味剂外，当地女性还用它来熏衣。只要用木炭、松香、香料粉末，然后用火柴点燃，一会儿工夫，一缕轻烟冉冉上升，房间里就会充满了一种芬芳而含蓄的香气，久久不退。将衣服悬在烟上，只要10分钟，就可以将香味保持一周。

阿拉伯人喜欢各种香味，他们认为香气可以给他们带来好运。

车子在人流中擦肩而过，其中不乏是名车。有一些我根本就叫不上名字，这让自诩对车子颇有研究的我很郁闷。

顺着人流，我走进了著名的赫扎伊德大道。据说，这条街是迪拜的第一主干街道。

放眼望去，笔直宽敞的街道两旁集中矗立着迪拜大多数知名的建筑物。

天气是个多变的东西，前一分钟还是细雨缠绵；下一分钟又是阳光灼日。难怪这里的人都不爱打伞。

强烈的阳光下，玻璃墙面和铝合金框架集合做成的幕墙反射着刺眼的光芒，让人睁不开眼。

我躲在厚厚的墨镜底下想象，在灯火辉煌的夜晚，白花花的道路和两旁恢弘的建筑物，应该更是一副流光溢彩的别致景象。

再往前走，看到有两座像一对天鹅翩翩起舞的大厦相对而立。

这应该就是著名的Emirates tower(酋长塔)吧。

姐姐曾无不骄傲地和我说过，这对著名的连体楼是由世界著名的华裔建筑大师贝聿铭设计建成的。

贝聿铭是谁？我也好奇地问过。

“他就是曾经设计过卢浮宫前玻璃金字塔的人啊。”

在这一声语气助词“啊”里，我羞红了脸。在这个花花世界里，我像个无知的小鸟。

我一定要仔细看清楚每一个细节。以免回去以后被别人问起，我却不知Emirates tower为何物，而再次沦为他人嬉笑的玩偶。我不禁暗下决心。

我发现这里楼与楼之间的间距都很近，并且密度非常高。

难道迪拜的土地资源比北京还要紧缺？

后来得知，原来是为了给街上的路人避暑。

还是北京好。

北京的夏天可以去承德避暑山庄。我开始怀念祖国的小美好。

不禁又想起我江南的家乡。那里多是雨季，朗朗晴空是大家翘首期盼的日子。

特别是冬天，哪日有太阳，家家户户都会兴高采烈地把沉寂了一个冬天的棉被抱出来晒太阳。白花花的一片，和阴雨天偶尔飘落的雪花交错成为我记忆里最美好的一幕。

14. 每人都是一本书

如果爱上了，努力了，还是不能在一起，那就是爱错人了。

摄影师M是一个法国女人。

第一次见到M,就被她独特的气质所吸引。

金色的头发,简短利落的发角在空气中跳跃。法国女人精致清晰的五官镶嵌在几乎透明的皮肤上。

紧身牛仔小脚裤和款式各异的格子衬衫。很随意的搭配,却完美至极。再加上,脖子上永远挂着一个硕大的复古相机。用现在比较时髦的话说是:文艺范儿实足。

我相信,每个男人都会被这样的女人魅惑。即便她从不刻意去做特别妖娆的动作。

M的身材并不高挑,却凹凸有致。

不禁让镜头前面的我自惭形秽。好似长成她那种身材才有资格站在灿烂的阳光下摆出各种经典的姿势,留下一瞬间的永恒。

据说,M是国际知名模特和好莱坞影星钦点过的大名鼎鼎摄影师。很多时尚杂志上都有她经典的作品。

见第一面,我就很喜欢她。喜欢她热情开朗的笑容和时而寂寞的颜容。

我甚至认为,她就是我遇到的苏菲玛索。

第一次合作,阿拉伯海边拍时装照。

我自以为用着比较丰富的经验在镜头前搔首弄姿,被M毫不留情地批评像是发情的母猩猩。

几欲为这种带有侮辱性的语言，在心理恶狠狠地想，这么恶毒的人，糟蹋了一副上天精心赐予的鬼斧神工。

在她无数遍的喊叫声里，自然，舒适缓缓爬上我的四肢。脸颊，表情生动着，眼神流转着。看到相机里美轮美奂的画面，我惊愕不已，原来自己可以如此美丽。

我就这样轻易忘记了她之前毫无顾忌的诋毁。亲昵地拉着她，一遍遍不厌其烦用我并不流畅的英文，讨论着如何可以在镜头前做得更好。

M好似也忘记了刚刚短暂的不愉快，兴奋地赞扬我的表现。纤细白皙的手臂攀上我的腰肢："如果这里，可以更加自然流畅一些，那就更加完美了。"

拍照是件很累的事情。优雅绝伦的照片背后都需要当事人伤筋断骨般摆弄浑身的关节。一天下来，甚至会让人有种不想活下去的小想法。

可是和M合作真的很舒服。

她从不要求我做任何高难的动作，而是抓拍我走路的样子。看海的样子，愠怒的样子，快乐的样子，还有想念谁的样子……不用找心情，不用找感觉，不用找背景，随时随地都是美。

同性之间总是容易结交成闺蜜。有时候，也有些许的职业影响，流言少一些，飞语少一些，麻烦自然少一些。身在这样一个圈子里，保护自己，总是对的。

可是，事实并不如我所想。

一段不算长却也不短的时间过去。

我发现，M似乎和剧组里每个女性都格外热乎。勾肩搭背虽然在这些外国人的概念里并不算什么。可是，同性间的亲昵举动总有些不入眼。

剧组里，我们几乎形影不离。可是一完工，就找不到她的身影。

有几次聚会，我电话打过去找她。电话背后分明是夜店的喧嚣和尖叫。

我曾试图参与她的生活，可是M好像很不愿意。

我说服自己是太敏感，不够懂得西方人的习惯。是我没有学会理解隐私。

和大家相处的时间久了，对每个人的了解也便多了。

从剧组的同事口中得知M似乎有LES情结。一开始，的确有些惊讶。可是很快我就恢复了平静。

当今社会，再对类似的词语大惊小怪真是不应该。何况，她又是在极度开放的西方社会。

但是我想，M一定是个有故事的人。或许，她曾被爱伤害过。

我决定和M长谈一次。即便连我自己都觉得这个想法很幼稚。谁无青春年少，谁无维特之烦恼。何况，这又是一段别样的爱情故事。与我又何干？

如果说，每个人都是一本书。我承认，我想读这本书。我想和M探讨爱情，就当是职业需要吧。

就是那个下午。

镜头前的我凝望远方，赤脚站在海边，海风触动我的头发。M举着相机说，你是在想念谁吗？

我没有一如既往面对爱情这个问题沉默。

“M，你爱过谁吗？”

M有些惊讶。我从来是被动的人，在剧组不喜欢和人讨论感情的事情。

“我正在爱着，前所未有的爱。”

“那她肯定和你一样吸引人吧。”我故意用了英文中女性的第三人称。

M有些犹豫，片刻的沉默。

“如果爱上了，努力了，还是不能在一起，那就是爱错人了。至于其他，在爱情里，没有对错。”

M还是没有说话，安静的不像她。

我继续对着大海，像是一个人自言自语。

“我有一个朋友。在她还没有成熟的时候，爱上一个男人，确切说是男孩。因为他们都很年轻，不懂得爱情。以为爱了，就能在一起了，不知道原来爱情需要经历欺骗，原谅；不知道爱情需要理解，包容。他们都活在自己的世界里，各自为战，终于分开。没有谁对谁错，或者爱情本没有错，只要你遇见的那个人是对的。”

“坦白说，我知道了一个你的小秘密。可是我没有当它是个秘密，所以也不会去公开。我想说的是我理解你的感情。我希望，每个爱了的人，最后都能幸福。”

我伸出手臂，揽了M的肩。

M拉住了我的手。这一次，没有汗毛竖立的排斥；我相信，M成了我的闺蜜。

KIDS CRAFT
CORNER

15、娱乐圈有没有爱情神话

娱乐圈，到底有没有爱情神话？这不应该是个谜。

2011年，新年伊始。一份“离婚声明”，让一向欢欣雀跃的娱乐圈再次波澜起伏。

那天，我正在化妆。

朋友从遥远的国度打来电话向我描述国内娱乐圈发生的这一爆炸性新闻。

从“离婚声明”到“微博大战”。绘声绘色，面面俱到。并且附加大量个人对此事的判断和猜疑。

最后以一句“娱乐圈没有爱情神话”为总结性发言完毕。没等我发表任何言论，连提问的机会都没留给我，便挂掉了电话。

仿佛，她才是当事人。打电话告诉我，只是为了消除心中的那一缕痛。

娱乐圈，到底有没有爱情神话？这不应该是个谜。

李健的《传奇》已经告诉我们：相爱，真的不需要太多理由。或许，只因人群中多看你一眼，再也没能忘掉你的容颜……已足矣。

记得有朋友曾经说过，在她一只脚踏入娱乐圈的时候，就做好了“被爱遗弃”的准备。其实我是不赞同这个想法的。难道，娱乐圈就不应该有爱？

我们的父亲母亲都是普通人。他们的爱情没有感天地，也没有涕鬼神，却像城墙一样坚不可摧。

和父母聊天时，曾经问过他们的爱情保鲜秘籍是什么？回答是，没有。就这样几十年如一日的过来了。

也许，父母和我们这一代人唯一的区别是，我们想要得到的太多，而他们只要平淡的生活。

其实，有时候不敢爱是因为怕伤害。

而我认为，只有尝试了，经历了，哭过爱过，才是完美生活。在做艺人和普通人之间，我选择先做普通人。如果连爱都没有了，我不知道还能拥有什么。

没有过不去的事情，只有过不去的心情。很多事情我们之所以过不去是因为我们心里放不下。

爱情亦如此。大部分人都只在乎事情本身并沉迷于事情带来的不愉快心情。其实只要把心情变一下，世界就完全不同了。笑一笑，真的没什么大不了。

有人曾感慨，金童玉女的爱情固然美得冒泡，但同时也短暂得如同刹那烟火。周杰伦有首歌叫《烟花易冷》，爱情的热度又怎能几年如一日火烧火燎？我相信，只要有真爱。每一天都是在恋爱。父母可以做到，我们一样可以。

爱情就像是一场旅行，有激情澎湃兴高采烈的开始，必定也会有平淡现实的终结。不同的是，到达目的地之后是否还能继续牵手转战下一个路口，还是就此拜拜各奔崭新幸福而去。

娱乐圈是个浮华之地，爱情也不见得就是我们平常人想象的样子，或许有戏，只是别期待太美丽的童话和传奇。看惯了戏里戏外的爱情，或许有一天也会回归平淡生活。

祝福，有情人终成眷属。

16.大年三十，热闹的中国馆子

仿佛看到电视里熟悉的人，听到他们熟悉的声音就能够和他们一起过年，而不再孤单。

大年三十。

我们依然正常开工。

其实这也很容易理解，过年是中国人特有的风俗习惯。就像我也没有兴趣跟随穆斯兰教徒一起斋月。

西方人惯有的严谨严格，在我们导演身上真是体现得淋漓尽致。不过，他还是很可爱地宣布提前收了工，虽然只有一个小时，但是已经很不容易了。

剧组里我们几个中国人，除了姐姐以外，都是第一次在国外过年，所以都很兴奋。

一下午，拍戏的间隙都在讨论怎样过一个圆满的大年夜。贴春联，放鞭炮，我们已经不奢望了。吃够了怪里怪气的西餐，真的好想念家乡那一碗热气腾腾的饺子啊。

我们决定去一家当地比较有名的中国馆子过年。

据说，今天晚上会有很多在迪拜的华人去那里。大家会一起吃年夜饭、一起守岁倒计时、一起通过卫星卫视看CCTV的春节晚会、一起想念远在万里的亲人。

大家还会一起包饺子、做汤圆。

回到住处后，打个电话给家里拜年。

第一次在外面过年，有点小小的期待，也有点小小的凄惨。妈妈几句话说得她自己就哽咽了，我也快忍不住要哭了，所以赶紧挂了电话。

从柜子里找出那个前不久在商场买的亮红色包包。想起以前过年的时候，妈妈总是说过年一定要喜庆。这一次，没有妈妈亲自给买的红色衣服和鞋子。可是还有这个通红的包包替我沾染喜气，替我想念妈妈。

小小打扮了一番，挎起我红色的手包，乐不可支地向中国馆子出发。

拐了几条街车子就停下了。看到门上别样的招牌，才知道原来这儿就是空少F在短信里提到的，美味的中国餐厅。

中国红和迪拜的沙漠色，与我的装扮结合的相得益彰。

馆子里出乎我意料的热闹。

剧组里的其他几个中国人已经早早的到达，三五成群地和其他华人在交谈。

这才发现，之前见到的华人并不是很多。今天真是热闹非凡，除了有几个黄头发蓝眼睛的老外来凑热闹。这里绝大多数人都是地道的中国人，因为他们说着平平仄仄的普通话。

桌子上摆放着几个水果盘，有花生和瓜子。进来的人基本对这里都很熟悉，也不用人招呼便主动找地方坐下。嗑瓜子、吃糖果像是在自己家里一样。一瞬间，我找到了在家里的感觉。只是少了爸爸和妈妈的陪伴。

桌子和椅子都是实木的，暗红色。门框和窗棂还有镂空的雕花。整个馆子是个整体的大厅式。没有包间，只是在几个拐角处用屏风隔断出几个雅座。

大厅里灯火通明，除了中间闪着玻璃光芒的大吊灯和几个不规则的射灯。角落里还被细心地吊了几盏红灯笼，虽然里面不是燃着火苗的蜡烛。可是，整个过年的气氛就在这硬邦邦的装饰中透射出来。

我好奇地四处打量。虽然在国内经常会见到这样摆设装饰，可是从来没有细细观摩过人们总是对于身边随处可见的东西不作珍惜，随意摆弄抛弃。而一旦失去或远离，又会格外的想念。我现在就是这样的心态。好在，身处在这样一个具有熟悉味道的环境里，我不会手足无措。

老板娘当然是个中国人，四十岁左右，穿着很随意，很有中国式居家的感觉。她热情地招呼我们自己照顾自己，餐桌上摆放的各式各样食物可以自由享用。

“一会儿我们的重磅年夜饭会在十二点准时给大家奉上，这可是迪拜当地很难找到的地道的白菜馅饺子和黑芝麻馅汤圆哦。”老板娘调皮地冲我们眨了眨眼睛，表情很丰富也很亲切。

其实作为江南女孩，童年时代对于饺子的记忆并不深刻。只是到了北京之后，才开始爱上圆圆鼓鼓的北方口味的饺子。但是对于汤圆，可是十分的钟爱，特别是黑芝麻馅的。

我一向喜欢甜食。

小时候，经常把买铅笔的钱拿去买糖果儿吃。

所以此刻我肯定两眼放光，口水都快要流下来了。

“真的吗？还有黑芝麻汤圆，太好了！我还要加一个荷包蛋，老板娘可不可以？”我自来熟的挽住老板娘的胳膊，跟她撒娇。

老板娘丝毫没有和我介意，大方地答应：“好的，没问题。想吃什么就和阿姨说，一定会满足你，在这里过年就和在家里一样。”

我想，老板娘一定是见惯了太多想家念家在外过年的人。

WELCOME
WELCOME

NOKIA
800-M

“身在异乡为异客，每逢佳节倍思亲。”在这里，我读懂了这首诗的意义。

嘈杂的空气里好像有细细的叹息。不知道谁，在这么喜庆的日子里思念谁。

进来的人越来越多。

老板娘招呼馆子里的伙计端出已经和好的面。大家踊跃报名，争先恐后地都要包饺子。此时此刻，仿佛个个都是能工巧匠。本来就不大的馆子一下子进入混乱状态。老板娘拿出她一贯的雷厉风行，大手一挥说：“男人准备酒水；女人都来包饺子；小孩子看电视。”

算是见识了老板娘的厉害。真是一句话顶一万句。大家像是接到“圣旨”一样井然有序地的开始忙活起来。

我也趁热闹包了几个饺子。只是，样子实在是不堪入目，被大家“取笑”的不再好意思包下去。于是，我主动把自己归为小孩子那一类，和一群弟弟妹妹一起嗑着瓜子，等待春晚开始。

如果是在家里。此刻，我一定把自己关在屋子里一边上网一边等着妈妈包好汤圆叫我出去吃饭。神马春晚，神马鞭炮都是浮云。

但是现在，我竟无比的期待春晚能够早一点，再早一点开始。仿佛，看到电视里熟悉的人，听到他们熟悉的声音就能够和他们一起过年，而不再孤单。

团结就是力量。老一辈总结的理论从来就不会有错。

一大盆面，转眼间就变成了一个个大大小小可爱的饺子。它们被整整齐齐排成几列，站到一起。仿佛是等待举行仪式的士兵，等待着主人把它们放下锅。

几个服务生把包好的饺子端到了厨房。

不一会，煮熟了的饺子又被一盘一盘端到大厅，分散到每张桌子上供大家吃。

老板娘特意让一个心灵手巧的服务员做了几碗汤圆，给我们几个南方人吃。

看着一个个冒着热气，尤其是那一碗黑芝麻馅的汤圆。泪水在眼圈里打转。我怕大家看到，引起其他人的思乡之情，端着碗借着“喜欢看春晚”的理由，坐到离电视最近的一张桌子旁，默默地吃完每一个汤圆，连汤都喝得干干净净。

有时候，感动不需要任何一句话。只要做到，就够了。

我没有想到，我的一句像是开玩笑一样的话，老板娘竟真的会做到。我也相信，老板娘如此煞费苦心的做法不仅仅是为了多争得几个钱。我相信，这是一个人的本能；我猜想，老板娘一定是一位好母亲。我也想到，如果有幸在祖国相见。我一定会请她吃最好吃的东西。至于是什么，没有想到。但是老板娘想吃的，我一定会给她找到。

久居国外的华人，多少会养成国外的一些习惯。
热腾腾的饺子吃完以后，不知是谁带头开始起舞。

老板娘知趣地把电视机的声音调低，CD里播放起清扬的西洋音乐。
同剧组的几个人已经开始和新认识的朋友去“蹦擦擦”了。

虽然那只是临时腾出来的一片空地。但是，经过细心的摆设和灯光的打射，成为一个很不错地舞池。一群相识、不相似的人在里面翩翩起舞，为了同一个日子庆祝。

可能是第一次没有和父母一起过年吧。此刻，特别的想念他们。想给他们发短信，问问他们在做什么。又担心，短信发过去以后，老妈一定会把电话打过来，指不定还要儿女情长地“泪流到天亮”。

索性把手机关了。以一个观众的姿态，观看眼前这场舞蹈的盛宴。

时间就在这样欢闹的气氛中一秒一秒飞逝。
电视里春晚现场开始倒计时。
人群渐渐停下来，站在原地。我们也跟着电视一起数起来。
“十、九、八……”

“……三、二、一，Happy New Year！”大家欢呼起来。拥抱着。我清楚地看到，有人的泪夺眶而出。

借着这股欢乐的劲儿，我走到老板娘身边，大大地给了她一个拥抱。也许，那一刻她就是我的妈妈。

这个大年三十过的风生水起。

曲终人散。认识和不认识的人，都像亲人一样道别。

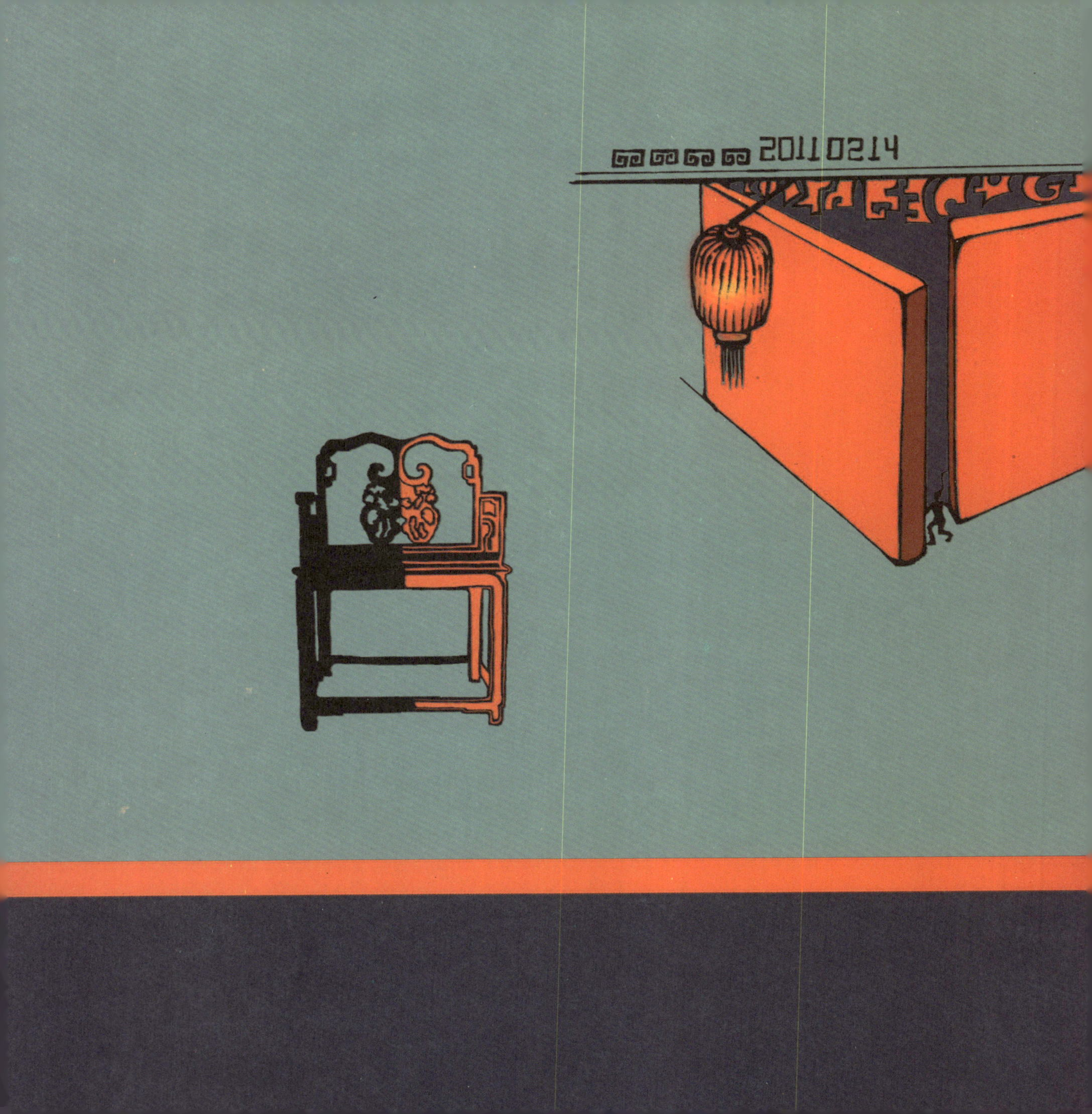
20110214

17.情人节的约会 I

这年头，谁不是带着一箱子面具走天涯？

今天是情人节。

只有情人节是不分国界的。

浪漫热情的西方人，只有在这个节日才能真正发挥其本性，错过多可惜？估计我们的导演，就是这么想的。

不用开工，难得的休息日。

姐姐前一天就体贴地打来电话，邀请我参加她们的家庭聚会，我坚持拒绝了。

虽说海上的各项惊险的游戏活动很吸引我。可是朱自清说过，热闹是他们的，我什么都没有。我宁愿一个人在游泳池里寂寥地游成美人鱼。至少，可以期待我身着华服，头戴王冠的高贵王子。

一如既往地，早起，简单梳洗，去健身房。

不出所料，健身房里的人都那么少，三三两两。谁说过，孤独的人是可耻的。特别是在这个特殊的日子。

令人烦躁。

也好，没人在我跑步的时候盯着我跑步机上的时间，一分一秒。那感觉，真是压迫。不用语言上的催促，却能深切地感受到身后的望眼欲穿。

唉，外国人排队等待的好涵养，并不是每个中国人都能习惯。好像你不主动停止，他们真的能等成望夫石。当然前提是你能有那么好的体力的话。

难得的自由，一番酣畅淋漓。

回到房间，放了洗澡水。打开音响，就让我好好享受一下这难得的休闲时光，让我暂时忘却这是个容易伤怀的日子。

站在镜子前。耳垂旁的头发，已经长出一茬。有点松散，有点痒。用手轻轻束起，已经可以绑住，只是短短的，像兔子尾巴，很难看。

没事可做的时候，我就喜欢站在镜子旁，摆弄自己的头发，或是做各种奇怪的表情。简单的行为，可以悟出许多真理。比如，人在社会生活中交际。久了，就会戴上各种各样的面具，只有在镜子前，才能令你轻松自然地看清自己，审视一段时间内的自我。算是别样的洗礼。

有一段时间对镜子特别着迷，以收集各式各样大小不同的镜子为好；甚至，曾经想过要把自己的英文名字改成Mirror，亮闪闪，而且寓意看清自己，多有意境；后因直接音译的“米若”不够洋气而放弃。

一位好友MSN的签名是:这年头,谁不是带着一箱子面具走天涯?颇有感触,忍不住给其留言:原来,我们都一样;年少时一直鄙视不屑的世俗礼仪,就这样,渐渐背负希望,渐渐运用自如;就这样,渐渐长大。

看,我就是这样一个天马行空的人。所以,下一刻,我作了一个连我自己都觉得不可思议的决定。

我决定,去墓地。

不用担心,并没有我亲爱的朋友在这富饶的陌生国度长眠。我要去探望的,真真就是毫无关联的陌生人。

不用提醒我。我知道,今天不是清明节。何况,阿联酋国家没有清明节。

吹干头发,素颜。从衣柜里翻出白色吊带,灰蓝色长裙。应该适合那么肃穆的地方。戴上墨镜,拿起抽屉里的地图,起身。

阳光依旧那么耀眼,尽管是在迪拜所谓的冬天。

拦了一辆Taxi,报了地名。

墨镜遮住了我的脸,司机大哥甚至关闭了收音机里悠扬的音乐。我看见他在后视镜里偷偷打量的眼神。在这举国共享爱情甜蜜的日子里。一个年轻的女孩，还是个外国人，只身前往墓地，除了祭奠爱人，再没有更好的理由。

只是，他不知道，她要祭奠的，不是爱人，只是爱情。

那一年，我们刚上大学。

春风灿烂地吹过，我们相约的地点是八宝山。

他穿着黑衬衫，我穿着白毛衣，一人手捧一束白菊，前去悼念我们敬爱的英雄领袖们。

年少的我们单纯得厉害。领袖长眠安息的地方哪里允许无谓的打扰。那一抹围墙里睡得正酣，我们只能遥遥而忘。

转身的时候看见一个院子没有落锁。跟着祭奠的人群走了进去，细细打量每一位墓碑上刻着的名字和简单的生前事迹概述。那一个，红红大大的字刻着“见义勇为”。吸引我们驻足，献花，鞠躬。

英雄，同样是我们此行的探访目标。

有蜜蜂低低飞掠过我的脖颈，吓得我大叫，被看守的老爷爷赶出去。

跑出好远才敢回头，却着实红了脸，有意无意地寻找别的话题。

我看见，那一刻，你眼里的光芒和只有一边扬起的嘴角刺痛了我。就算后来经历那么多你对我的放逐，我都始终坚信，那一刻，你确实是动了心的。

还有还有，我记得，回程的地铁站，隧道里列车疾驰而来时，风吹鼓了你的衬衫，也吹鼓了我的心。

而如今，就像王力宏的歌一样《你不在》。

王力宏是我们共同喜欢的歌手，不知道遥远的你是否还依稀记得。

车子穿过琳琅满目的街道，拐进郊区，不是荒痍的村庄，而是大片大片的棕榈树林。在一片片树荫下，立着一排排向海的墓碑，坚毅而整齐地竖着。

我付钱，下了车。

一个人逆着光晕，探头探脑地走上前去。

【迪拜当地的城铁】

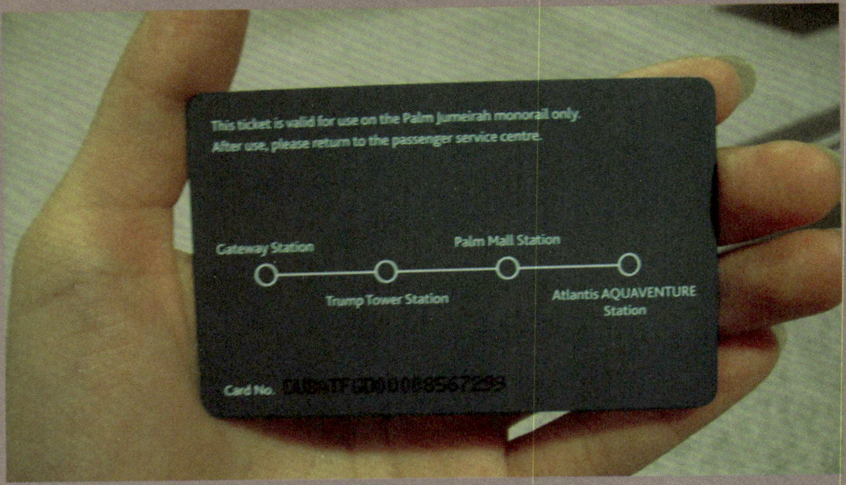
This ticket is valid for use on the Palm Jumeirah monorail only.
After use, please return to the passenger service centre.
Gateway Station
Palm Mall Station
Trump Tower Station
Atlantis AQUAVENTURE Station
Card No.

18.情人节的约会II

开车的那个人，像是找来的救兵，又像是去赴一场特殊的约会。

拾阶而上。

却被戴着头巾的男人绅士地拦住。

我想到了一切。却忘记了这是在一个阿拉伯国家。在这样一个国家，怎么会允许一个女人，还是一个外国的女人没有任何的理由走进墓地呢？

我真是太异想天开了

既然这样，我只有原路返回。

可是在这个特殊的节日；在这个“尴尬”的地方，想拦到一辆出租车是多么困难的一件事情啊！

恰如此时，天公作美。电话响。

空少F来短信问我在哪。

这些日子，一旦轮休的时候，F就一定会给我一个问候。

虽然一向不愿与他相见。但在这关键的时刻，仿佛找到了一根救命草。狠不得他能够马上出现，带我离开这个鬼地方。

即便如此。我还是及时地调整到比较冷静的状态，和它打起了文字战。

“你猜。”我料定这个老外是猜不到的。

就是中国人也不会想到在这个皆大欢喜的日子我会去墓地啊。

Daytona

TRIUMPH

长久的等待，没有回复。

我猜想，老外一定不喜欢玩这样的游戏。我开始懊悔，都什么时候了，还玩弄这愚蠢的游戏。

刚刚还打算大不了一路欣赏美景，走到城里的心情也荡然无存。

大约过了一刻钟，再次收到短信。

“不要告诉我是在墓地就ok。”

那一刻，我真是安捺不住的激动。

我一刻也没有停顿就将电话打了过去，叽里咕噜连比带画地把我一开始的奇思妙想，到现在的窘迫都告诉了他。

最后，我问他是怎么猜到的。

不知道是他根本就没有听懂，还是他压根就没有听我在说什么。F以一种极其冷静的口吻回答：“站到原地不要动，等我去接你。”

可是，我还没有告诉你我在哪里啊。

我诧异地等待。

F很快便出现在了我的面前。

原来就在同一个上午，他刚刚来这里参加了一场葬礼。

没想到，他随口说出的地方，这个他最不愿意来的地方竟然是我在的地方。
我友好地表示抱歉。
相反，F却很放松。反而安慰我不要太紧张。
老外一向把生离死别想的都很透彻。

“还要去吗？我可以带你进去。”像是打趣又像是很认真地说。
“不了。我饿了。”
“那我请你吃饭吧，中国菜。”
“好！”
这一次，我没有拒绝他的邀请。

开车的那个人，像是找来的救兵，又像是去赴一场特殊的约会。心情欢快起来。
坐在副驾驶上，迎着风，把眼睛闭起来，享受这美好的时光。

这是一家不大的中国馆子。
桌子、椅子都是很中国风的实木，墙上还挂着大小各异的红彤彤的中国结和油画。
我很喜欢。

我猜想，这个地方会不会是他早早就踩好点，为的就是今天这样一顿晚餐。不禁有些许感动在眼角眉梢，希望，我可以掩饰的很好。

我教他使用筷子。我们很开心的谈笑。

暂时忘了情人节一个人的寂寞。

他没有给我买花，也没有说任何生动感性的情话。对此我很满意。那一束玫瑰带来的不仅仅是感情的表述，还有束缚和愧疚。

最后，我要了中餐馆难得出售的冰糖葫芦，很多串。从远处看很像大把的红玫瑰。那晶莹剔透的红色，晃了谁的眼，慌了谁的心。

走在喧嚣熙攘的街口，我感受到炙热的羡慕嫉妒恨的眼光。那一刻，我又深深体会到，远离我很久的，小小的幸福。

他送我回去的路上，我们很有默契的没有说话。

车窗外嘈杂的声音湮没在车内无边的沉默里。

我不安地坐在副驾驶座位上，假装镇定地一动不动地注视着前方。

我希望回酒店的路短一点再短一点，我又迫切地希望这条路长一点再长一点，纠结似我手心捏紧的裙角，就算展开铺平，还是有一道一道褶皱。

车子终于停在酒店金黄的灯光下。

我简单地道谢，下车。离开。

“我还可以再约你吗？”后背传来F的声音。

“当然可以，但是要看上帝给不给你机会。”

我快步走进了酒店。

回到房间，脱掉高跟鞋。再一次站在洗手间的镜子前，我看见镜子里的自己，表情里有藏也藏不住的悸动，悄悄叹了口气。

躺在床上，关了灯。

陷入无边黑暗的我重温失眠的辗转恐惧。

起身冲了杯牛奶，点了一根蜡烛，放了轻音乐。

好像有些缓解，我在挣扎里渐渐睡去。

梦里不知道梦的是谁，梦的是谁的谁。

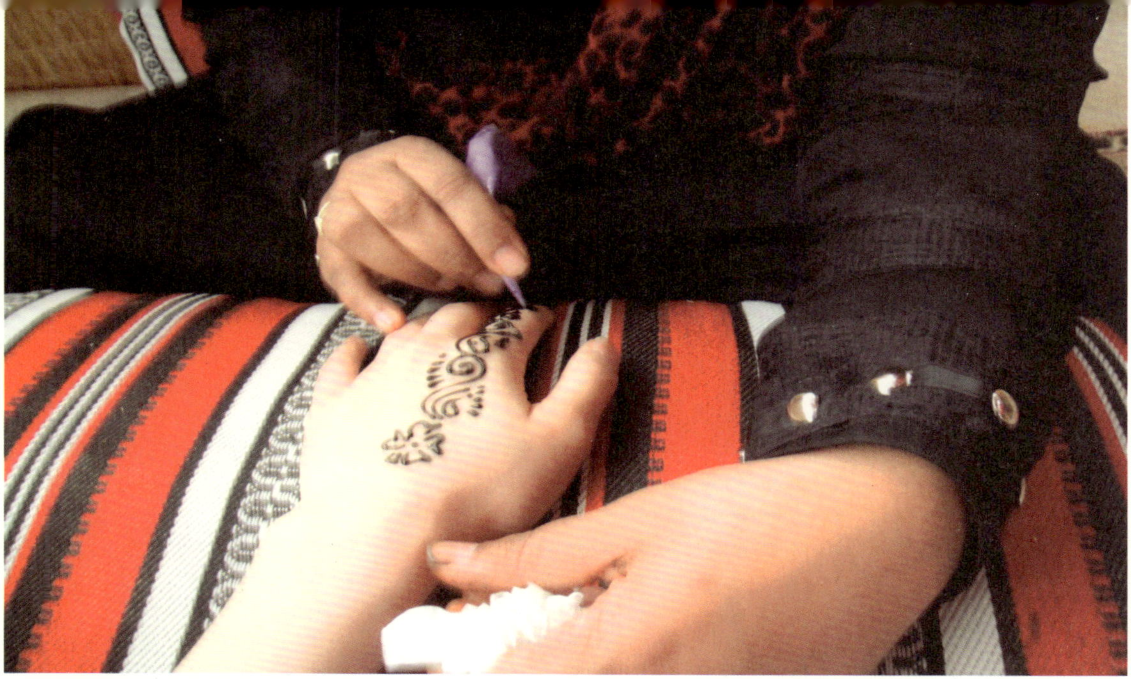

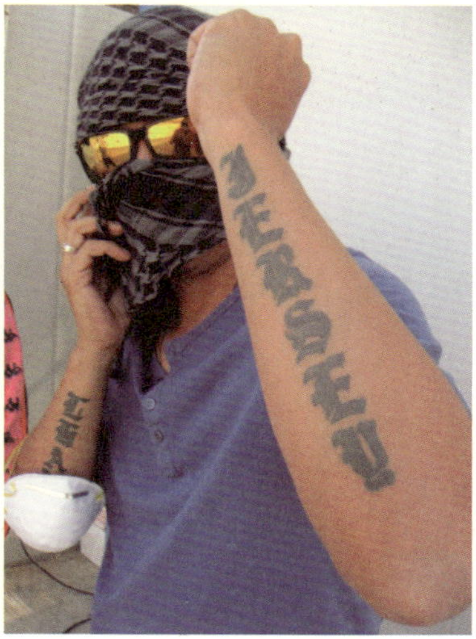

19.帆船酒店，其实没那么美

再回首，帆船酒店其实并没有那么美。至少，它比不上我心中的那个月亮；比不上北京的夜与路。

此刻。

宽广舒展的街道上正疾驰一辆明晃晃的跑车。

虽然这辆兰博基尼放在满街豪车的迪拜算不上起眼。

可是，如果它恰巧敞篷，如果它恰巧开着震耳欲聋的音乐，如果再恰巧有个女孩站在副驾驶的位置上，迎着风张开双手做拥抱自然状，是不是能够成为一道风景？

至少，在以前我从未如此狂野地奔放过。

是的，那位有点疯狂的女孩就是我。

和我同样热情高涨的是富二代，此刻他正开着爱车。我们在前往聚会的地方。

自从认识以后，富二代仿佛成了我的“小跟班”，对我是不离不弃。不仅每天去“探班”，送美食。还和我身边的工作人员都成为了姐妹和兄弟。

我固然知道，这其中有一半是美食的力量。但是在异国他乡，有这么一个可以随叫随到的“小跟班”也是一件快乐的事情。

无法拒绝，不如享受生活。何况这是一个快乐的少年，和他在一起人也会变得轻松很多。

今天，没我的戏份。

富二代跑到导演和制片主任身边一阵耳语后，我被放了假。

前些日，心情烦躁郁闷。

多亏有这么一个张扬却不轻狂的“开心果”发短信逗我开心。打电话约我参加他们的聚餐，也让客居他乡的我渐渐过起了风生水起的生活。

和这个富二代在一起，我可以很轻松很自然。大声说笑，放肆欢闹。好像前不久半夜里期期艾艾感叹青春流逝的那个女人跟我一点关系都没有。我还是那个莽撞、感性、无法无天的小丫头。

正如此刻我伸展的双臂，飞舞的头发，还有淹没在急速里的呼喊。

富二代的朋友们都是和他年龄差不多大小的少男少女。

他们中大部分都是迪拜本地人，也有几个是跟随父母移居到此的“外国人”，却没有华裔。父母经商且家境富裕，这是一个十足的富二代小团体。

这些少年对我很友好。对于我这个并不熟悉的中国人加入到他们的团体热情欢迎。

富二代向大家介绍，我是他的姐姐。其他少年也不明就里的一起跟着亲切地叫我姐姐。只有一位日籍的小美女例外。每次看见我，闪着光泽的眼睛里会带着淡淡的排斥，也不像其他人一样跟我那么亲切。

但愿是我敏感。

我就这样任由富二代在我身边出没，就像他也任由我在他的世界里穿梭。

车子驶向海边。

我已经可以看见波光粼粼的海面和秀丽的余晖下泛舟的剪影。远远观望，酷似被风吹得鼓鼓的船帆，通体呈塔形的建筑。那就是世界闻名的帆船酒店，也叫阿拉伯塔。

车子穿过海岸线拐上了通往人工岛的笔直平坦的专线道路。路上不时有车子穿梭而过。

我再次抬头时，已经可以很清晰地看见浪漫华丽的帆船酒店。面对我询问的目光，富二代淡定地冲我点点头："没错，今晚我们就在这里用餐。"

我开始有些懊悔，出发前为什么没问清楚地方就跟着富二代出了门，上了车。大名鼎鼎令人神秘向往的7星级酒店就矗立在眼前。我却穿着简单的T恤和牛仔短裤就来了。我甚至没有好好打扮一番。

车子在酒店门口停下。

有门童专业地替我拉开了车门，戴着白色手套的手遮在头顶的车框边。我扭捏着下了车，却不愿顺着绵绵的地毯进入酒店。

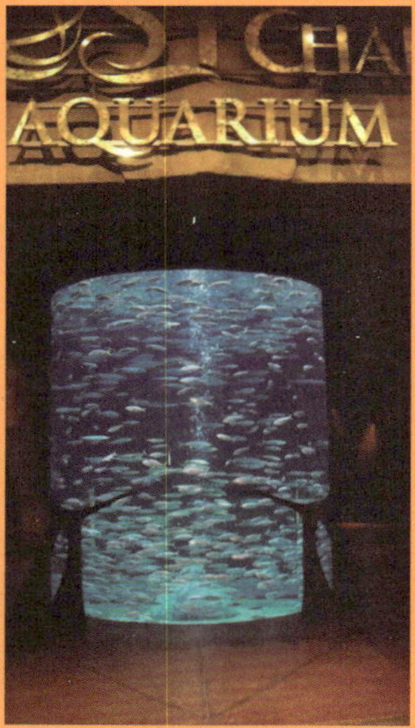

AQUARIUM

“姐姐，你穿什么都是最美的，你应该拿出你一贯天鹅般骄傲的姿态，那样的你更迷人。”富二代很聪明，看出了我的顾忌，赶忙安慰鼓励我。

他说得对。无论什么场合，姿态最重要。

一进酒店的大门，对着饭店门庭有两个巨型喷水池，水花伴着经过精心设计的喷水方式不断变换舞蹈，在金碧辉煌的映射下，透出格外耀眼的光芒。

也许由于是以水上的帆为外观造型，饭店到处都是与水有关的主题。当然也许在沙漠国家，水比金更彰显财力。

不知道为什么，面对眼前金光闪闪的装饰摆设，我却眼花缭花，头晕目眩。

富二代却像是进了自己的家里一样，拉着我往楼上跑。我们搭着可以欣赏高达十几米的水族箱电梯扶摇而上，让人很难相信外面就是炎热高温的阿拉伯沙漠。

酒店内部更是极尽奢华之能事。触目皆金，连门把、厕所的水管，甚至是一张便条纸，都“爬”满黄金。虽然是镀金，但要所有细节都优雅不俗地以金装饰。

穿过长长的走廊，让人有种漫步在宫殿的壮观。

进房间时，有一个管家在门口站着。寸步不离地跟着我们，逐个解释房内各项高科技设施如何使用。

透过房间内大大的落地窗，可以看见一望无际的阿拉伯海。

眼下已是傍晚时分。

海上的游艇船舶都渐渐燃起了灯，明明晃晃地摆在深邃的海洋深处，令人心旷神怡。

我惊奇地发现，在睡房的天花板上有一面与床齐大的镜子。我很喜欢这种可以和自己面对面睡觉的感觉。而且有红色顶棚的圆形卧床，床下的地板可以旋转。

如果在几年前，面对此番诱惑。我肯定会恋恋不舍。也许还会幻想，有一天会成为这里的主人。

但是现在不一样。看着满屋子明晃晃的东西，很头晕。

快乐和享受是他们的，我还是喜欢自己简简单单的小窝。

“我们去吃东西吧。”我建议。

面对物质，我毅然选择美食。没办法，谁让我天生对美食比较感兴趣呢。

我们又回到了酒店的一楼。

然后乘坐潜水艇出发直达一家海鲜餐厅。

似乎有些意外，但也是情理之中。餐厅比房间更加奢华。仿佛是在深海里为顾客捕捉最新鲜的海鲜，仿若已经进入一个神奇的海底世界。沿途有鲜艳夺目的热带鱼在潜水艇两旁游来游去，美不胜收。安坐在舒适的餐厅椅上，环顾四周的玻璃窗外，珊瑚、海鱼所构成的流动景象，可以伴随享受整顿写意。

只是未曾料到。今天是那位日本女孩的生日。

我埋怨富二代没有提前告诉我，不管怎样还是应该准备个礼物。但是，当我看到女孩的朋友们送给她的礼物时。我庆幸，我什么都没有带。名表、金项链、大牌的包……比比皆是。按照我的习惯，一定会送她一个泰迪熊之类的玩偶。在这样的场合下不免有些太小气。

席间，他们大部分都在讲当地语言。每个人都是一副很开心的样子，至于说了什么，我不知道。

也许，我根本就不想知道。我只是个短暂的过客。我还是喜欢北京的夜与路。还有我山盟海誓的理想。

一顿晚宴下来，我吃得心不在焉。

喝了点红酒，脸有些热。

我拒绝了他们狂欢的提议，提出要先回酒店。这对于他们来说应该是一件扫兴的事情。可能在他们眼里，我这个陌生人不怎么懂礼貌。

但是，我必须要离开了。

这里的环境很好，但是我感觉很压抑。遍地的黄金让我喘不过气来，我需要出去透透气。

走出富丽堂皇的帆船酒店，海风湿湿黏黏地吹过来，头很痛。

富二代少年要求送我回酒店。

没有拒绝。坐在车里一路无语。

望着窗外挂在天空的月亮真是又大又圆。记得有报道说过，今年有一天的某一刻会是月亮离地球最近的一刻。多么令人期待。

车子越使越远。

再回首，其实帆船酒店并没有那么美。至少，它比不上我心中的那个月亮；比不上北京的夜与路。

我想，我是思念故乡了。

20、再挥手，依然一个人走

生活就是这样，不是你忘记了我，就是我忘记了你。当我们记起彼此的时候，时光已经进入下一个轮回。

有谁说过，日子就像是你洗脸时指缝中抓不住的流水。

一转眼，这里的工作就要结束了。

仅从“迪拜”两个字来说，我已经经历了由想往到亲切的过程。

长长呼吸了一口气。收工回家这是一个意外的好消息。

最后一个镜头结束的时候。导演恰似无意，却是有意地走过来伸开双臂给我一个大大的拥抱。

我没有看到他的表情。但是我能够读懂这个拥抱所包含的意义。

也许我曾令他失望过；也许我曾对自己怀疑过。但是一个女孩能够通过几次交谈，便决定和他一起来到这个离家“十万八千里”的地方。这里面包含的不仅仅有对梦想的追求，更重要的是对对方的信任。

Thank you. 这是导演向我说的最后一句话。仅此，足矣。

我知道，我没有令他失望。我的演技证明了他当初的选择是正确的。对一个导演来讲，这是一件美好的事情。

片场出奇的安静。

共同奋斗了两个月的“战友们”都在默默地低头收拾着什么东西，也收拾着心情。

站在场地中央，我听见导演最后通过的声音，一时有些无措，不知道下一步该说些什么，或是做些什么。

喝水，拿毛巾，换衣服。这些常规的举动我都不想做。我也在静静地打量着每一位熟悉的人，想哭，眼泪却又不敢放肆的流下来，酸酸涩涩的眼泪其实不是什么好东西。它让心情沉重的人更加沉重，让努力掩饰沉重的人没法掩饰沉重。

在即将离开的时候，努力记住他们此刻的样子。

在无数个疲惫的夜晚。

我曾暗暗想，杀青之后要好好地休息，睡上满满一天，没有白天黑夜。

我们也曾说过，杀青之后一起去购物，一起去夜店，一起去泛舟游玩。

此时，忘记了一切誓言。

离愁别绪充斥着整个胸腔，也充斥着整个片场。

我想，所有的人应该心情都一样。不然，不会只有窸窸窣窣的动静，没有一如既往的欢声笑语，嬉笑打闹。

每一次大大小小的分离都让我心口积压的话语幻化成一股细细的暖流，涌上眼眶。

我想，对面摄像机里，此时一定有我没心没肺咧开嘴大笑的模样，和那么多张相似的脸孔同时挤在一个镜头里。那些灿烂的笑容其实有一个共同的名字，叫做不舍。

已经成年的我们都知道，每一段相识相知，都有一个期限。今天，就是我们离别的日子。往后的岁月，有没有彼此的交集，要看缘分。

爱情如此，友情亦如此。

顺利订到回京的机票。明天下午起程。

一大早起来。

手机就滴滴地响。一大堆未接来电和短信。

最后一觉，睡到自然醒的计划被破坏。

看到短信，打开窗。

楼下果然站着富二代。

他埋怨我为什么不告诉他要回去的消息。

拜托，姐姐我拍完戏打包回家，这很正常。没必要兴师动众地对着全迪拜大喊GOOD BYE吧！

“可是，还有我呢。”

不得不承认，小小少年有时很无厘头。

“你有你的家，我有我的妈。我要回家找妈妈，你应该祝福我才对。”

“我可以跟你回去，反正那里也是我的国家。”

大概是前些日子，我对眼前这位小少年太友好了。一时让他找到了祖国母亲的温暖。竟然种下了他报效祖国的豪情。

面对此情此景，我只有再次充当祖国母亲的角色。

答应和他一起共进最后的午餐；答应他送机的要求；答应会想念他。

富二代的情绪很快由怒转喜。

我却有些失落。

我终究只是他圆满生活里的一道辅助线。有了这条线，生活会精彩一点；没有这条线，生活依旧圆满。

他会很快忘了我。这是我的经验。

我的经验还告诉我，我会很快忘记英俊绅士的空少F。

生活就是这样，不是你忘记了我，就是我忘记了你。当我们记起彼此的时候，时光已经进入下一个轮回。

出发的时候没有告诉任何人。

包括决定我此行的导演；可爱的制片主任；可敬的姐姐还有那个富二代小小少年。

我应该不算是骗了他，虽然曾信誓旦旦地答应过让他送机。站在选择的十字路口，除了答应他还有别的借口吗？可是，我们本不是同林鸟，何必要演一场戚戚哀哀的戏。早已告别花季雨季的年代。

还是让我静静地走，正如我静静地的来。

午夜，抵达北京。

又回到了出发的地方。

生活是否会重新开始？不去思考，不去想象。

不管这个戏的结果是怎样。至少，经历了。做了自己想做的事情。

青春无悔，足矣。

END

2011年3月　迪拜　北京

图书在版编目（CIP）数据

28.7℃之下·青春之上：迪拜在身后 / 汪洋著. —
北京：九州出版社，2011.5
ISBN 978-7-5108-1017-6

Ⅰ. ①2… Ⅱ. ①汪… Ⅲ. ①迪拜—概况 Ⅳ.
①K938.7

中国版本图书馆CIP数据核字(2011)第101525号

28.7℃之下·青春之上：迪拜在身后

作　　者	汪洋 著
出版发行	九州出版社
出 版 人	徐尚定
地　　址	北京市西城区阜外大街甲35号（100037）
发行电话	(010) 68992190/2/3/5/6
网　　址	www.jiuzhoupress.com
电子信箱	jiuzhou@jiuzhoupress.com
印　　刷	北京俊林印刷有限公司
开　　本	889毫米×1194毫米　16开
印　　张	12
字　　数	192千字
版　　次	2011年8月第1版
印　　次	2011年8月第1次印刷
书　　号	ISBN 978-7-5108-1017-6
定　　价	48.00 元